Die Erfindung
des Wahrsagens

Deutung, Seher und Orakel

Eine Betrachtung

von

Lutz Spilker

DIE ERFINDUNG DES WAHRSAGENS – DEUTUNG, SEHER UND ORAKEL

Bibliografische Information der Deutschen Nationalbibliothek:
Die Deutsche Nationalbibliothek verzeichnet diese Publikation in der Deutschen Nationalbiblio-
grafie; detaillierte bibliografische Daten sind im Internet über http://dnb.dnb.de abrufbar.

Softcover ISBN: 978-3-384-19841-9
Ebook ISBN: 978-3-384-19842-6

Druck und Distribution im Auftrag des Autors:
tredition GmbH, An der Strusbek 10, 22926 Ahrensburg, Germany

Die im Buch verwendeten Grafiken entsprechen den
Nutzungsbestimmungen der Creative-Commons-Lizenzen (CC).

Inhalt

Das Weltall ist ein Kreis, dessen Mittelpunkt überall, dessen Umfang nirgends ist.

Blaise Pascal

(* 19. Juni 1623 in Clermont-Ferrand; † 19. August 1662 in Paris) war ein französischer Mathematiker, Physiker, Literat und christlicher Philosoph.

Vorwort

Die vorliegende Abhandlung trägt den Titel ›Die Erfindung des Wahrsagens‹ und begibt sich auf eine faszinierende Reise durch die vielschichtige Geschichte und Entwicklung des Wahrsagens in der Menschheitsgeschichte. Dieses Werk widmet sich einer eingehenden Analyse, die von den frühesten Anfängen bis zu den modernen Formen des Wahrsagens reicht. Es ist mein Bestreben, die facettenreiche Natur dieser Praktik zu entwirren und dabei eine wissenschaftliche Perspektive einzunehmen, die sich an Fakten und historischen Zusammenhängen orientiert.

Die Motivation hinter dieser Untersuchung liegt in dem Bestreben, das menschliche Streben nach Erkenntnis und Vorhersage zu verstehen. Das Wahrsagen, in seinen zahlreichen Ausprägungen, hat eine lange Tradition, die sich über verschiedene Kulturen und Epochen erstreckt. Doch was treibt den Menschen dazu an, in die Zukunft zu blicken und dabei auf Methoden zurückzugreifen, die oft im Nebel der Mystik verborgen sind?

Der erste Teil dieses Buches wird sich der historischen Entwicklung des Wahrsagens widmen. Von den antiken Orakeln bis zu den modernen Wahrsagekünsten soll ein umfassendes Bild gezeichnet werden. Hierbei wird aufgezeigt, wie kulturelle, religiöse und gesellschaftliche Einflüsse die Formen des Wahrsagens geprägt haben. Dabei liegt der Fokus darauf, die Ursprünge und die Evolution dieser Praktik zu verstehen, ohne dabei in die Bewertung oder Validierung der Vorhersagen einzutreten.

Im zweiten Teil wird ein Blick auf die psychologischen Aspekte des Wahrsagens geworfen. Welche Rolle spielt die menschliche Psyche bei der Interpretation von Zeichen und Symbolen? Wie beeinflussen Glaubenssysteme und Erwartungshaltungen die Wahrnehmung von Wahrsagepraktiken? Diese Fragen sollen mit einem nüchternen Blick auf die Psychologie des Menschen und ihre Neigung zur Mustererkennung beleuchtet werden.

Schließlich widmet sich der dritte Teil modernen Formen des Wahrsagens, die sich in unserer gegenwärtigen Zeit manifestieren. Hierzu zählen nicht nur traditionelle Praktiken, sondern auch moderne Technologien und ihre Rolle in der Vorhersage von Ereignissen. Ein besonderes Augenmerk liegt dabei auf der kritischen Betrachtung und dem Verständnis der Mechanismen, die dazu führen, dass Menschen an das Wahrsagen glauben und ihm eine Bedeutung beimessen.

Insgesamt ist es mein Anliegen, mit diesem Werk einen Beitrag zum Verständnis des Phänomens des Wahrsagens zu leisten. Es richtet sich an Leserinnen und Leser, die eine wissenschaftliche Perspektive auf dieses faszinierende, aber oft rätselhafte menschliche Streben nach Wissen und Vorhersage schätzen. Möge diese Analyse dazu beitragen, Licht in die Geschichte und die Mechanismen der Erfindung des Wahrsagens zu bringen.

Die Faszination des Unbekannten

In den tiefsten Winkeln der menschlichen Geschichte und Kultur hat das Unbekannte stets eine unwiderstehliche Anziehungskraft ausgeübt. Von antiken Zivilisationen bis hin zu modernen Gesellschaften sind Menschen von der Idee, die Zukunft vorherzusagen, fasziniert gewesen. Prophezeiungen und Vorhersagen haben eine zentrale Rolle in verschiedenen Kulturen gespielt, und ihre Bedeutung erstreckt sich über Jahrtausende.

Die Wurzeln der Prophezeiungen

Die Wurzeln des Wahrsagens und der Prophezeiungen reichen weit zurück in die Menschheitsgeschichte. Schon in den frühesten Zivilisationen, wie den Sumerern im alten Mesopotamien oder den alten Ägyptern am Ufer des Nils, finden sich Aufzeichnungen von Orakeln und Weissagungen. Diese Kulturen glaubten an die Existenz von Göttern oder göttlichen Wesen, die die Zukunft offenbarten oder beeinflussten.

Die Vielfalt der Prophezeiungen

Die Bedeutung von Prophezeiungen war in verschiedenen Kulturen vielfältig und reichte von politischen und militärischen Entscheidungen bis hin zu persönlichen Schicksalen und Schutz vor Gefahren. In der griechischen Mythologie spielten Orakel wie das Orakel von Delphi eine wichtige Rolle bei der

Beratung von Königen und Staatsmännern. Im alten China wurden die I-Ging-Orakel verwendet, um Entscheidungen zu treffen und die Zukunft zu deuten.

Die Rolle der Religion

Religion und Spiritualität waren oft eng mit dem Wahrsagen und der Prophezeiung verbunden. In vielen Kulturen wurden Priester oder Schamanen als Vermittler zwischen den Menschen und den göttlichen Wesen angesehen, die die Zukunft beeinflussten. Das Christentum, Judentum und Islam enthalten auch zahlreiche Prophezeiungen und Weissagungen, die in heiligen Schriften wie der Bibel oder dem Koran niedergeschrieben sind.

Die Suche nach Antworten und Trost

Die Faszination des Unbekannten und die Suche nach Antworten auf die großen Fragen des Lebens haben die Menschheit dazu veranlasst, sich an Prophezeiungen zu wenden. In Zeiten des Wandels, der Unsicherheit oder der Krise suchten die Menschen nach Hoffnung und Trost in den Vorhersagen von Wahrsagern oder Orakeln. Prophezeiungen boten eine Möglichkeit, die Zukunft zu interpretieren und sich auf kommende Ereignisse vorzubereiten.

Die Herausforderung der Interpretation

Trotz ihrer faszinierenden Anziehungskraft und ihrer langen Geschichte sind Prophezeiungen oft Gegenstand von Interpretation und Kontroverse. Die Vielfalt der kulturellen und religiösen Überzeugungen führt zu unterschiedlichen Interpretationen und Deutungen von Vorhersagen. Manche sehen Prophezeiungen als reale Vorhersagen der Zukunft, während andere sie als metaphorische oder symbolische Darstellungen betrachten.

Die moderne Bedeutung

Auch in der modernen Welt haben Prophezeiungen und Vorhersagen ihre Bedeutung nicht verloren. Obwohl die Wissenschaft und Technologie viele Aspekte des Lebens verändert haben, suchen Menschen nach Antworten auf die großen Fragen des Lebens und die Zukunft. Wahrsager, Astrologen und Hellseher finden immer noch Anklang bei Menschen, die nach Orientierung und Trost suchen.

Zusammenfassung

Die Faszination des Unbekannten und die Suche nach Antworten auf die Fragen des Lebens haben die Menschheit dazu veranlasst, sich seit Jahrtausenden an Prophezeiungen zu wenden. Die Bedeutung von Prophezeiungen in verschiedenen Kulturen spiegelt die Vielfalt der menschlichen Erfahrung und die Sehnsucht nach Wissen und Trost wider. Trotz der Herausforderungen der Interpretation bleiben Prophezeiungen ein faszinierendes und kontroverses Thema, das uns weiterhin beschäftigt und zum Nachdenken anregt.

Ursprünge des Wahrsagens

Das Wahrsagen ist eine Praxis, die bis in die frühesten Zeiten der Menschheitsgeschichte zurückreicht und tief in den kulturellen und religiösen Traditionen der Antike verwurzelt ist. In den alten Zivilisationen der Welt spielten Orakel und Seher eine bedeutende Rolle bei der Beratung von Herrschern, der Entscheidungsfindung in Krisenzeiten und der Suche nach Antworten auf die großen Fragen des Lebens.

Die Mysterien der Antike

Schon in den frühesten Zivilisationen der Antike, wie den alten Ägyptern, Sumerern und Babyloniern, finden sich Hinweise auf Formen des Wahrsagens und der Vorhersage. Priester und Schamanen fungierten als Vermittler zwischen den Menschen und den Göttern und nutzten verschiedene Methoden, um Einsicht in die Zukunft zu erlangen. Diese Methoden reichten von Traumdeutung über das Lesen von Tierverhalten bis hin zur Beobachtung von Himmelserscheinungen.

Das Orakel von Delphi

Eines der bekanntesten Beispiele für antikes Wahrsagen ist das Orakel von Delphi in Griechenland. Das Orakel war dem Gott Apollo geweiht und wurde von einer Priesterin, der Pythia, vertreten. Gläubige aus der ganzen griechischen Welt kamen nach Delphi, um Antworten auf ihre Fragen zu erhalten.

Die Pythia gab ihre Antworten oft in Form von rätselhaften oder mehrdeutigen Aussagen, die von den Ratsuchenden interpretiert werden mussten.

Die Sibyllen von Rom

Ähnlich wie das Orakel von Delphi spielten auch die Sibyllen in der römischen Kultur eine wichtige Rolle bei der Vorhersage der Zukunft. Die Sibyllen waren mystische Frauen, die als Prophetinnen galten und ihre Prophezeiungen in Versen oder Rätseln verkündeten. Ihre Aussagen wurden oft als göttlich inspiriert angesehen und hatten Einfluss auf wichtige politische und militärische Entscheidungen im antiken Rom.

Der Einfluss von Sehern und Visionären

Neben den Orakeln spielten auch einzelne Seher und Visionäre eine bedeutende Rolle im antiken Wahrsagen. Bekannte Figuren wie der Seher Tiresias in der griechischen Mythologie oder Nostradamus im Mittelalter wurden für ihre angeblichen Fähigkeiten geschätzt, die Zukunft zu sehen oder zu prophezeien. Ihre Vorhersagen wurden oft erst im Nachhinein interpretiert und hatten einen nachhaltigen Einfluss auf die Kultur und Geschichte ihrer Zeit.

Die Bedeutung von Wahrsagen in der Antike

Das Wahrsagen war in der Antike von entscheidender Bedeutung für viele Aspekte des Lebens, von politischen und militärischen Entscheidungen bis hin zu persönlichen Schicksalen und

Schutz vor Gefahren. Orakel und Seher dienten als Vermittler zwischen den Menschen und den Göttern und boten Trost, Orientierung und Hoffnung in unsicheren Zeiten.

Zusammenfassung

Die Ursprünge des Wahrsagens reichen bis in die frühesten Zeiten der Menschheitsgeschichte zurück und sind eng mit den kulturellen und religiösen Traditionen der Antike verbunden. Orakel, Seher und Visionäre spielten eine entscheidende Rolle bei der Beratung von Herrschern und der Suche nach Antworten auf die großen Fragen des Lebens. Ihre Praktiken und Vorhersagen haben die Menschheit seit Jahrtausenden fasziniert und beeinflusst, und ihr Erbe ist bis heute spürbar.

Die Rolle der Sterne: Astrologie

Die Astrologie ist eine der ältesten und faszinierendsten Formen des Wahrsagens, die seit Jahrtausenden die Menschheit fasziniert und beeinflusst hat. Von den alten Zivilisationen Mesopotamiens bis hin zu modernen Gesellschaften hat die Astrologie eine zentrale Rolle bei der Vorhersage von Ereignissen und der Deutung von Persönlichkeiten gespielt.

Die Entstehung der Astrologie

Die Wurzeln der Astrologie reichen weit zurück in die Antike, wo die Menschen begannen, die Bewegungen der Himmelskörper zu beobachten und zu interpretieren. Die alten Babylonier waren einige der ersten, die Himmelsbeobachtungen zur Vorhersage von Ereignissen wie Wetteränderungen oder politischen Umwälzungen nutzten. Sie entwickelten ein System von Tierkreiszeichen und Planeten, das die Grundlage für die moderne Astrologie bildete.

Die Entwicklung der Astrologie

Die Astrologie entwickelte sich im Laufe der Jahrhunderte weiter und wurde von verschiedenen Kulturen und Zivilisationen auf der ganzen Welt beeinflusst. Die Griechen und Römer übernahmen viele der astrologischen Konzepte der Babylonier und verfeinerten sie weiter. In der islamischen Welt blühte die Astrologie während des goldenen Zeitalters der islamischen

Kultur und trug zur Entwicklung von Astronomie und Mathematik bei.

Horoskope und ihre Auslegung

Ein zentrales Element der Astrologie sind Horoskope, die individuelle Geburtscharts oder ›Geburtshoroskope‹ erstellen. Diese Charts basieren auf dem genauen Zeitpunkt und Ort der Geburt einer Person und enthalten Informationen über die Positionen der Himmelskörper zum Zeitpunkt der Geburt. Astrologen interpretieren diese Charts, um Persönlichkeitsmerkmale, Lebensmuster und zukünftige Ereignisse vorherzusagen.

Die Bedeutung der Tierkreiszeichen

Ein weiterer wichtiger Aspekt der Astrologie sind die zwölf Tierkreiszeichen, die auf der scheinbaren Bewegung der Sonne entlang der Ekliptik basieren. Jedes Tierkreiszeichen wird mit bestimmten Persönlichkeitsmerkmalen und Charaktereigenschaften in Verbindung gebracht, die auf den traditionellen Eigenschaften der mythologischen Gestalten beruhen, die mit jedem Zeichen verbunden sind.

Die kontroverse Natur der Astrologie

Obwohl die Astrologie viele Anhänger hat und seit Jahrhunderten praktiziert wird, bleibt sie auch umstritten und wird von vielen als pseudowissenschaftlich angesehen. Kritiker bemängeln, dass es keine wissenschaftlichen Beweise für die Wirksamkeit der Astrologie gibt und dass viele astrologische Vorhersagen vage und allgemein genug sind, um auf fast jeden zuzutreffen.

Die moderne Astrologie

Trotz der Kritik hat die Astrologie auch in der modernen Welt eine gewisse Resonanz und Popularität. Millionen von Menschen lesen täglich ihre Horoskope in Zeitungen oder online und suchen nach Hinweisen auf ihre Zukunft oder ihre Persönlichkeit. Die moderne Astrologie hat sich auch weiterentwickelt, um neue Konzepte und Techniken zu integrieren, die den veränderten Bedürfnissen und Interessen der Menschen entsprechen.

Zusammenfassung

Die Astrologie ist eine faszinierende und kontroverse Praxis, die seit Jahrtausenden die Menschheit fasziniert hat. Von den alten Zivilisationen bis hin zur modernen Welt hat die Astrologie eine zentrale Rolle bei der Vorhersage von Ereignissen und der Deutung von Persönlichkeiten gespielt. Obwohl sie kontrovers ist und von vielen als pseudowissenschaftlich betrachtet wird, bleibt die Astrologie eine faszinierende Möglichkeit, sich mit dem Universum und den Kräften zu verbinden, die es beeinflussen.

Die Kunst der Deutung: Traumdeutung

Die Traumdeutung ist eine der ältesten und faszinierendsten Formen des Wahrsagens, die seit Jahrtausenden die menschliche Vorstellungskraft beflügelt hat. Von den alten Kulturen bis hin zur modernen Psychologie hat die Interpretation von Träumen eine zentrale Rolle bei der Suche nach verborgenen Bedeutungen und tieferen Einsichten gespielt.

Historische Perspektiven auf Traumdeutung

Die Geschichte der Traumdeutung reicht weit zurück in die Antike, wo Träume als Botschaften der Götter oder Einblicke in die Seele angesehen wurden. In den alten ägyptischen, mesopotamischen und griechischen Kulturen spielten Träume eine wichtige Rolle bei der Entscheidungsfindung und der Vorhersage von Ereignissen. Traumdeutung war ein integraler Bestandteil religiöser Rituale und Zeremonien.

Sigmund Freuds Beitrag zur Traumdeutung

Die moderne Traumdeutung wurde maßgeblich von Sigmund Freud geprägt, einem der einflussreichsten Psychologen des 20. Jahrhunderts. Freud entwickelte eine umfassende Theorie der Traumdeutung, die auf seinen Studien der menschlichen Psyche und seiner Behandlung von Patienten basierte. In seinem Werk ›Die Traumdeutung‹ präsentierte Freud seine revolutionäre Idee, dass Träume versteckte Wünsche, Ängste und Konflikte offenbaren können, die im Unterbewusstsein verborgen sind.

Freud postulierte, dass Träume eine Manifestation des Unbewussten sind und dass ihre Symbolik entschlüsselt werden kann, um verborgene Bedeutungen und Konflikte zu enthüllen. Er identifizierte eine Reihe von Traumsymbolen und archetypischen Motiven, die universelle Bedeutungen haben können, wie zum Beispiel Symbole für Sexualität, Macht oder Identität.

Freuds Beitrag zur Traumdeutung war bahnbrechend und hatte einen tiefgreifenden Einfluss auf die Psychologie und die moderne Kultur. Seine Theorien führten zu einer neuen Anerkennung der Rolle des Unbewussten in der menschlichen Psyche und beeinflussten Bereiche wie Literatur, Kunst und Film.

Die Rezeption und Weiterentwicklung der Traumdeutung

Obwohl Freud viele Kritiker hatte und seine Theorien nicht ohne Kontroverse waren, bleibt seine Arbeit ein wichtiger Meilenstein in der Geschichte der Psychologie und der Traumdeutung. Seine Ideen haben zahlreiche Nachfolger inspiriert und zu weiteren Entwicklungen in der Traumforschung geführt.

Heute wird die Traumdeutung in verschiedenen Kontexten weiterhin praktiziert, von psychologischen Therapien bis hin zu spirituellen Praktiken. Obwohl die wissenschaftliche Validität der Traumdeutung weiterhin umstritten ist, bleibt sie eine faszinierende Möglichkeit, sich mit den verborgenen Aspekten der menschlichen Psyche auseinanderzusetzen und eine tiefere Einsicht in das Unterbewusstsein zu gewinnen.

Die geheimnisvolle Welt der Tarotkarten

Tarotkarten haben eine lange und faszinierende Geschichte, die bis in das alte Ägypten zurückreicht und sich über Jahrhunderte hinweg entwickelt hat. Diese Karten haben eine einzigartige Symbolik und werden oft als Werkzeug der Selbsterkenntnis und spirituellen Führung verwendet.

Geschichte der Tarotkarten

Die Ursprünge der Tarotkarten sind von Mythen und Legenden umgeben, aber die frühesten nachweisbaren Belege stammen aus dem späten Mittelalter in Europa. Die Karten wurden zunächst als Kartenspiel verwendet, das in königlichen Kreisen populär war. Im Laufe der Zeit entwickelten sich die Tarotkarten jedoch zu einem Werkzeug für spirituelle Praktiken wie Wahrsagen und Meditation.

Symbolik der Tarotkarten

Die Tarotkarten bestehen aus einem Deck von 78 Karten, das in zwei Hauptgruppen unterteilt ist: die 22 Trumpfkarten oder ›Großen Arkana‹ und die 56 kleineren Arkana. Jede Karte ist mit einer einzigartigen Symbolik versehen, die eine Reihe von Themen und Lebensaspekten repräsentiert, darunter Liebe, Erfolg, Verlust und Transformation. Die Symbolik der Karten kann auf verschiedene Weise interpretiert werden und ist oft Gegenstand persönlicher Reflexion und Meditation.

Tarotkarten als Werkzeug der Selbsterkenntnis

Ein zentraler Zweck der Tarotkarten ist es, Menschen dabei zu helfen, sich selbst besser zu verstehen und ihre Lebensrichtung zu finden. Indem man sich mit den Symbolen und Botschaften der Karten auseinandersetzt, kann man Einsicht in verborgene Wünsche, Ängste und Herausforderungen gewinnen. Tarotkarten können auch dabei helfen, Entscheidungen zu treffen und Hindernisse zu überwinden, indem sie einen klaren Blick auf die aktuelle Situation und zukünftige Möglichkeiten bieten.

Die Bedeutung von Tarotkarten in der Spiritualität

Tarotkarten werden von vielen als ein Werkzeug der spirituellen Führung angesehen, das dabei helfen kann, eine tiefere Verbindung mit dem Selbst und dem Universum herzustellen. Durch regelmäßige Praktiken wie Kartenlesen, Meditation und Reflexion können Menschen eine spirituelle Reise antreten, die sie zu einem tieferen Verständnis ihrer selbst und ihrer Lebensaufgabe führt.

Die Vielfalt der Tarotdecks

Heute gibt es eine Vielzahl von Tarotdecks, die verschiedene Themen, Stile und Interpretationen der traditionellen Tarotsymbolik bieten. Von klassischen Decks mit Renaissance-Kunstwerken bis hin zu modernen Decks mit abstrakter Symbolik gibt es für jeden Geschmack und jede spirituelle Praxis das passende Tarotdeck. Die Vielfalt der Tarotdecks spiegelt die vielfältigen Bedürfnisse und Interessen der Menschen wider, die sich mit Tarot beschäftigen.

Zusammenfassung

Die Welt der Tarotkarten ist reich an Geschichte, Symbolik und spiritueller Bedeutung. Von ihren bescheidenen Anfängen als Kartenspiel bis hin zu ihrer heutigen Rolle als Werkzeug der Selbsterkenntnis und spirituellen Führung haben Tarotkarten die Menschheit seit Jahrhunderten fasziniert und inspiriert. Durch die Interpretation der Symbolik der Karten können Menschen einen tiefen Einblick in sich selbst gewinnen und eine spirituelle Reise antreten, die sie zu einem tieferen Verständnis ihrer selbst und ihrer Lebensaufgabe führt.

Die Handschrift als Spiegel der Seele

Die Handschriftanalyse, auch Graphologie genannt, ist eine faszinierende Praxis, die behauptet, aus der Handschrift eines Menschen Persönlichkeitsmerkmale, Verhaltensmuster und verborgene Eigenschaften zu erkennen. Obwohl viele Menschen an die Aussagekraft der Handschriftanalyse glauben, ist die wissenschaftliche Validität dieser Praxis umstritten.

Die Geschichte der Handschriftanalyse

Die Idee, dass die Handschrift eines Menschen etwas über seine Persönlichkeit aussagen kann, hat eine lange Geschichte und reicht bis ins 17. Jahrhundert zurück. Im Laufe der Zeit entwickelte sich die Graphologie zu einer formalisierten Praxis, die von Psychologen und anderen Fachleuten angewendet wurde, um Einsicht in die Psyche und das Verhalten von Menschen zu gewinnen.

Methoden der Handschriftanalyse

Die Handschriftanalyse beinhaltet die Untersuchung verschiedener Aspekte der Handschrift, darunter die Form und Größe der Buchstaben, die Ausrichtung und Neigung der Schrift, den Druck und die Intensität des Stifts sowie die Abstände zwischen den Buchstaben und Wörtern. Anhand dieser Merkmale versuchen Graphologen, Rückschlüsse auf die Persönlichkeit und das Verhalten des Schreibenden zu ziehen.

Anwendungsbereiche der Handschriftanalyse

Die Handschriftanalyse wird in verschiedenen Bereichen angewendet, darunter Personalwesen, Kriminologie, Psychologie und Forensik. In der Personalwesen kann die Graphologie bei der Auswahl von Mitarbeitern oder der Beurteilung von Führungskräften eingesetzt werden. In der Kriminologie kann die Handschriftanalyse zur Identifizierung von Tätern oder zur Bewertung von Schriftstücken in Gerichtsverfahren verwendet werden.

Kontroverse um die wissenschaftliche Validität

Obwohl die Handschriftanalyse von einigen als nützliches Werkzeug zur Persönlichkeitsbeurteilung angesehen wird, gibt es unter Wissenschaftlern und Psychologen erhebliche Zweifel an ihrer wissenschaftlichen Validität. Kritiker bemängeln, dass die Handschriftanalyse auf subjektiven Interpretationen basiert und dass ihre Ergebnisse oft unzuverlässig und nicht reproduzierbar sind. Studien zur Validität der Handschriftanalyse haben gemischte Ergebnisse gezeigt, wobei einige darauf hindeuten, dass sie wenig bis gar keine Vorhersagekraft hat.

Die Zukunft der Handschriftanalyse

Trotz der Kontroverse um ihre wissenschaftliche Validität bleibt die Handschriftanalyse eine faszinierende Praxis, die viele Menschen anspricht und interessiert. Während einige die Handschriftanalyse als nützliches Werkzeug zur Persönlichkeitsbeurteilung betrachten, halten andere sie für pseudowissenschaftlich und unwissenschaftlich. Die Zukunft der Handschriftanalyse hängt davon ab, ob sie ihre Methoden verbessern und ihre Ergebnisse besser validieren kann, um die Skeptiker zu überzeugen und ihre Akzeptanz zu fördern.

Die Kristallkugel und ihre Geheimnisse

Die Kristallkugel ist eines der ikonischsten Symbole der Wahrsagerei und hat seit Jahrhunderten die menschliche Vorstellungskraft beflügelt. Von mittelalterlichen Hexen bis hin zu modernen Hellsehern wird die Kristallkugel als Werkzeug verwendet, um Einblicke in die Zukunft zu gewinnen und verborgene Geheimnisse zu enthüllen.

Der Einsatz von Kristallkugeln in der Wahrsagerei

Die Verwendung von Kristallkugeln in der Wahrsagerei geht auf Jahrhunderte alte Traditionen zurück. Die Kugel wird oft auf einem Ständer oder Tisch platziert und von einem Wahrsager oder einer Wahrsagerin betrachtet, während sie versucht, visionäre Eindrücke oder Eingebungen zu empfangen. Es wird angenommen, dass die Kristallkugel als Medium dient, um Verbindungen zu spirituellen oder göttlichen Kräften herzustellen und Antworten auf Fragen zu erhalten.

Psychologische Aspekte der Kugelbetrachtung

Obwohl die Kristallkugel oft als mystisches Werkzeug betrachtet wird, gibt es auch psychologische Aspekte der Kugelbetrachtung, die erklären können, warum sie für manche Menschen wirksam ist. Der Akt des Betrachtens der Kugel kann eine Form der Meditation oder Trance induzieren, die es dem Wahrsager ermöglicht, in einen Zustand tiefer Konzentration und erhöhter Sensibilität einzutreten. In diesem Zustand können sich verborgene Gedanken, Gefühle oder intuitive Eingebungen manifestieren, die dem Wahrsager Einblicke in die Situation des Ratsuchenden geben.

Die Symbolik der Kristallkugel

Die Kristallkugel hat eine reiche Symbolik, die in vielen Kulturen und Traditionen auf der ganzen Welt zu finden ist. Der Kristall repräsentiert Klarheit, Reinheit und spirituelle Energie, während die Kugel selbst als Symbol für Vollständigkeit, Ganzheit und universelle Verbindung betrachtet wird. Zusammen symbolisieren sie die Suche nach Wahrheit, Weisheit und spiritueller Erkenntnis.

Die Faszination der Kristallkugel

Die Kristallkugel übt eine besondere Faszination auf Menschen aus, die nach Antworten auf ihre Fragen suchen oder nach einem Blick in die Zukunft streben. Ihre glänzende Oberfläche und ihre schimmernden Reflexionen wecken die Neugier und die Vorstellungskraft und laden dazu ein, in eine Welt des Geheimnisvollen und Unbekannten einzutauchen. Trotz der Kontroverse um ihre Wirksamkeit bleibt die Kristallkugel ein Symbol der Hoffnung, des Glaubens und der Suche nach spiritueller Führung.

Die Zukunft der Kristallkugel in der Wahrsagerei

Obwohl moderne Technologien und wissenschaftliche Methoden die Art und Weise verändert haben, wie Menschen die Zukunft vorhersagen und Antworten auf ihre Fragen suchen, bleibt die Kristallkugel ein faszinierendes und zeitloses Werkzeug in der Wahrsagerei. Ihre Symbolik und ihre geheimnisvolle Ausstrahlung werden auch weiterhin Menschen auf der ganzen Welt anziehen und inspirieren, die nach spirituellen Einsichten und Antworten suchen.

Gutgläubigkeit vs. Skepsis:
Eine Gratwanderung

Die Beziehung zwischen Gutgläubigkeit und Skepsis in Bezug auf Prophezeiungen und Wahrsagerei ist eine komplexe und oft kontroverse Angelegenheit. Während einige Menschen bereit sind, an die Aussagen von Hellsehern und Prophezeiungen zu glauben, sind andere skeptisch und hinterfragen die Gültigkeit solcher Behauptungen. Diese Gratwanderung zwischen Gutgläubigkeit und Skepsis prägt die Art und Weise, wie Menschen Informationen über die Zukunft interpretieren und darauf reagieren.

Analyse von Gutgläubigkeit und deren Auswirkungen

Gutgläubigkeit, die Bereitschaft, an die Echtheit und Richtigkeit von Prophezeiungen zu glauben, kann sowohl positive als auch negative Auswirkungen haben. Auf der positiven Seite kann Gutgläubigkeit ein Gefühl der Sicherheit und des Trostes bieten, insbesondere in unsicheren Zeiten oder in Situationen, in denen Menschen nach Antworten auf drängende Fragen suchen. Es kann auch dazu beitragen, eine Gemeinschaft zu stärken und ein Gefühl der Verbundenheit zu fördern, wenn Menschen gemeinsam an eine bestimmte Prophezeiung glauben.

Auf der negativen Seite kann übermäßige Gutgläubigkeit dazu führen, dass Menschen anfällig für Betrug, Manipulation und irrationale Entscheidungen werden. Wenn Menschen blindlings an Prophezeiungen glauben, ohne sie kritisch zu hinterfragen oder alternative Erklärungen in Betracht zu ziehen, können sie Opfer von betrügerischen Praktiken werden oder Entscheidungen treffen, die auf falschen Annahmen basieren.

Die Rolle von Skepsis in der Bewertung von Prophezeiungen

Skepsis, die kritische Haltung gegenüber unbewiesenen Behauptungen, spielt eine wichtige Rolle bei der Bewertung von Prophezeiungen und Wahrsagerei. Skeptiker fordern Beweise, rationale Argumente und methodische Untersuchungen, bevor sie an die Echtheit von Prophezeiungen glauben. Sie hinterfragen die Gültigkeit von Prophezeiungen und suchen nach alternativen Erklärungen, die auf logischem Denken und wissenschaftlichen Prinzipien basieren.

Die Rolle von Skepsis ist entscheidend, um Betrug und Täuschung zu verhindern und Menschen vor irrationalem Glauben zu schützen. Durch kritisches Denken und sorgfältige Analyse können Skeptiker dazu beitragen, die Wahrheit von Prophezeiungen und Vorhersagen zu entdecken und die Öffentlichkeit vor falschen Behauptungen zu warnen.

Eine Gratwanderung zwischen Gutgläubigkeit und Skepsis

Die Beziehung zwischen Gutgläubigkeit und Skepsis ist eine Gratwanderung, die es den Menschen ermöglicht, offen für neue Ideen zu sein, aber auch kritisch und rational zu denken. Während Gutgläubigkeit das Bedürfnis nach Trost und Sicherheit erfüllen kann, kann Skepsis dazu beitragen, die Menschen vor Täuschung und Betrug zu schützen und eine rationalere und evidenzbasierte Sichtweise zu fördern. Es ist wichtig, ein Gleichgewicht zwischen Gutgläubigkeit und Skepsis zu finden, um eine informierte und reflektierte Meinung über Prophezeiungen und Wahrsagerei zu entwickeln.

Menschenkenntnis und Wahrsagen

Der Einfluss von Menschenkenntnis auf Vorhersagen ist ein faszinierendes Thema, das die Schnittstelle zwischen Psychologie und Wahrsagerei erforscht. Menschenkenntnis, die Fähigkeit, das Verhalten, die Persönlichkeit und die Motivationen anderer Menschen zu verstehen, kann einen erheblichen Einfluss darauf haben, wie Wahrsager Vorhersagen treffen und interpretieren.

Die Bedeutung von Menschenkenntnis in der Wahrsagerei

In der Wahrsagerei ist die Fähigkeit, die Gedanken, Gefühle und Absichten anderer Menschen zu lesen und zu interpretieren, entscheidend für die Genauigkeit und Relevanz von Vorhersagen. Wahrsager verlassen sich oft auf subtile Hinweise in der Körpersprache, im Tonfall der Stimme und in anderen nonverbalen Signalen, um Einsichten in die Lebenssituation und die Zukunft eines Ratsuchenden zu gewinnen. Menschenkenntnis ermöglicht es Wahrsagern, ihre Vorhersagen auf die individuellen Bedürfnisse und Herausforderungen ihrer Klienten zuzuschneiden und relevante Ratschläge und Anleitungen zu geben.

Psychologische Mechanismen hinter der Einschätzung von Menschen

Die Einschätzung von Menschen beruht auf einer Vielzahl psychologischer Mechanismen, die es den Menschen ermöglichen, andere zu verstehen und sich in ihre Lage zu versetzen. Dazu gehören Empathie, die Fähigkeit, sich in die Gefühle anderer hineinzuversetzen, sowie soziale Intuition, die Fähigkeit, subtile soziale Signale zu erkennen und zu interpretieren. Diese Mechanismen spielen eine wichtige Rolle bei der Wahrsagerei, da sie es den Wahrsagern ermöglichen, eine Verbindung zu ihren Klienten herzustellen und ihre Bedürfnisse und Herausforderungen besser zu verstehen.

Die Rolle von Menschenkenntnis bei der Interpretation von Symbolen und Zeichen

In der Wahrsagerei werden oft Symbole und Zeichen verwendet, um Einsichten in die Zukunft zu gewinnen. Die Interpretation dieser Symbole und Zeichen erfordert oft ein tiefes Verständnis der menschlichen Psyche und Motivationen. Menschenkenntnis ermöglicht es Wahrsagern, die Bedeutung dieser Symbole im Kontext der individuellen Lebensgeschichte und Persönlichkeit eines Ratsuchenden zu interpretieren und relevante Einblicke und Ratschläge zu geben.

Die Herausforderung der Objektivität bei der Menschenkenntnis

Obwohl Menschenkenntnis eine wichtige Rolle bei der Wahrsagerei spielen kann, ist es wichtig, sich der Herausforderung der Objektivität bewusst zu sein. Wahrsager sollten sich bemühen, ihre Vorurteile und persönlichen Vorlieben zu überwinden und eine neutrale und objektive Haltung einzunehmen, um genaue und relevante Vorhersagen zu treffen. Die Fähigkeit, die eigenen Vorurteile zu erkennen und zu überwinden, ist entscheidend für die Qualität und Glaubwürdigkeit von Wahrsagerei und Vorhersagen.

Wahrsagen in der Literatur und Kunst

Die Darstellung des Wahrsagens in verschiedenen Werken der Literatur und Kunst ist ein faszinierendes Thema, das die kreative Interpretation von Prophezeiungen und Vorhersagen erkundet. Durch die Jahrhunderte hindurch haben Schriftsteller, Maler und Künstler das Thema des Wahrsagens auf vielfältige und inspirierende Weise interpretiert, und ihre Werke haben einen tiefgreifenden Einfluss auf die Vorstellungskraft und die kulturelle Wahrnehmung des Wahrsagens gehabt.

Die literarische Darstellung des Wahrsagens

In der Literatur wird das Wahrsagen oft als faszinierendes und geheimnisvolles Thema behandelt, das den Leser in seinen Bann zieht und die Handlung vorantreibt. Von antiken griechischen Tragödien bis hin zu modernen Fantasy-Romanen spielen Prophezeiungen und Vorhersagen eine zentrale Rolle in der Entwicklung der Charaktere und der Handlung. Autoren nutzen das Wahrsagen, um Spannung zu erzeugen, Schicksalsfragen zu erkunden und die menschliche Natur zu erforschen.

Beispiele für literarische Werke mit Wahrsagen als zentrales Thema

• Sophokles' Tragödie ›Ödipus Rex‹ ist ein klassisches Beispiel für die Verwendung von Prophezeiungen in der Literatur. Die

Vorhersagen des Orakels von Delphi über das Schicksal des Protagonisten Ödipus treiben die Handlung voran und führen zu einer tragischen Abfolge von Ereignissen.

• William Shakespeares Drama ›Macbeth‹ ist ein weiteres Beispiel für die Darstellung des Wahrsagens in der Literatur. Die Prophezeiungen der Hexen über Macbeths Aufstieg und Fall spielen eine entscheidende Rolle in der Entwicklung der Handlung und des Charakters.

Die künstlerische Darstellung des Wahrsagens

In der Kunst wird das Wahrsagen oft durch symbolische Bilder und metaphorische Darstellungen dargestellt, die die Geheimnisse und Mysterien des Unbekannten einfangen. Maler und Bildhauer haben das Thema des Wahrsagens in verschiedenen Epochen und Stilen interpretiert, von der Renaissance bis zur modernen Kunst.

Beispiele für künstlerische Werke mit Darstellungen des Wahrsagens

• Das Gemälde ›Die Sibylle von Cumae‹ von Michelangelo ist ein herausragendes Beispiel für die künstlerische Darstellung des Wahrsagens. Das Bild zeigt die Sibylle, eine mythische Seherin der Antike, die in einem tranceartigen Zustand eine Prophezeiung empfängt.

• Die Tarotkarten, die oft von Künstlern gestaltet werden, sind ein weiteres Beispiel für die künstlerische Darstellung des Wahrsagens. Jede Karte ist mit symbolischen Bildern und Zeichen versehen, die eine Reihe von Themen und Lebensaspekten repräsentieren und die Vorstellungskraft des Betrachters anregen.

Die kreative Interpretation von Prophezeiungen

Die Darstellung des Wahrsagens in Literatur und Kunst ermöglicht es den Künstlern, Prophezeiungen und Vorhersagen auf kreative und inspirierende Weise zu interpretieren. Durch die Verwendung von Symbolen, Metaphern und allegorischen Elementen können Schriftsteller und Künstler komplexe Themen und Ideen erforschen und die menschliche Vorstellungskraft anregen. Die Darstellung des Wahrsagens in Literatur und Kunst trägt dazu bei, die Mysterien des Unbekannten zu erkunden und die menschliche Erfahrung zu bereichern.

Die Renaissance des Wahrsagens im 19. Jahrhundert

Das 19. Jahrhundert markiert eine Zeit der Renaissance für das Wahrsagen, in der neue Methoden und Techniken entwickelt wurden und das Interesse an spirituellen Praktiken und esoterischen Traditionen zunahm. Gesellschaftliche Trends und kulturelle Strömungen spielten eine wichtige Rolle bei der Wiederbelebung des Wahrsagens und beeinflussten die Art und Weise, wie Menschen nach Antworten auf ihre Fragen suchten und ihre Zukunft zu deuten versuchten.

Neue Methoden und Techniken des Wahrsagens

Im 19. Jahrhundert erlebte das Wahrsagen eine Blütezeit, in der neue Methoden und Techniken entwickelt wurden, um Einblicke in die Zukunft zu gewinnen. Von der Verwendung von Kristallkugeln und Tarotkarten bis hin zu Pendeln und Handlesen gab es eine Vielzahl von Praktiken und Werkzeugen, die von Wahrsagern genutzt wurden, um Vorhersagen zu treffen und Ratsuchenden spirituelle Führung zu bieten.

• Kristallkugeln: Die Verwendung von Kristallkugeln zur Wahrsagerei wurde im 19. Jahrhundert populär und erlebte eine Renaissance. Wahrsager betrachteten die reflektierende Oberfläche der Kugel und versuchten, visionäre Eindrücke oder

Eingebungen zu empfangen, die Einblicke in die Zukunft oder verborgene Wahrheiten bieten sollten.

• Tarotkarten: Die Verwendung von Tarotkarten zur Vorhersage der Zukunft erlebte im 19. Jahrhundert eine Wiederbelebung. Tarotdecks wurden neu interpretiert und umgestaltet, und neue Deutungsmethoden wurden entwickelt, um Ratsuchenden dabei zu helfen, die Bedeutung der Karten für ihr Leben zu verstehen.

• Pendeln: Das Pendeln, bei dem ein Gewicht an einer Schnur oder Kette gehalten wird, um Antworten auf Fragen zu erhalten, gewann im 19. Jahrhundert an Popularität. Wahrsager nutzten das Pendel, um ja-nein-Fragen zu beantworten oder verborgene Informationen zu enthüllen.

• Handlesen: Die Kunst des Handlesens, bei der die Linien und Muster auf der Handfläche interpretiert werden, erlebte ebenfalls eine Renaissance im 19. Jahrhundert. Handleser versuchten, Einblicke in die Persönlichkeit, das Schicksal und die Zukunft einer Person zu gewinnen, indem sie die Linien auf ihren Händen analysierten.

Gesellschaftliche Trends und ihre Auswirkungen

Die Renaissance des Wahrsagens im 19. Jahrhundert war eng mit gesellschaftlichen Trends und kulturellen Strömungen verbunden, die das Interesse an spirituellen Praktiken und esoterischen Traditionen förderten. Der Aufstieg des Spiritismus, die Popularität von okkulten Gesellschaften wie der Theosophi-

schen Gesellschaft und die wachsende Nachfrage nach spiritueller Führung und Orientierung in einer zunehmend industriali-
sierten und urbanisierten Welt trugen dazu bei, das Wahrsagen
zu revitalisieren und neue Methoden und Techniken zu etablie-
ren.

• Spiritismus: Der Spiritismus, eine religiöse Bewegung, die
den Glauben an die Existenz von Geistern und die Möglichkeit
der Kommunikation mit Verstorbenen umfasste, gewann im
19. Jahrhundert an Popularität. Spiritistische Sitzungen und
Séancen wurden zu einer verbreiteten Praxis, bei der Wahrsager
versuchten, Botschaften aus dem Jenseits zu empfangen und
Ratsuchenden spirituelle Führung zu bieten.

• Okkulte Gesellschaften: Okkulte Gesellschaften wie die
Theosophische Gesellschaft, die Hermetische Orden des Goldenen Morgens und andere esoterische Gruppen erlebten im
19. Jahrhundert einen Aufschwung. Diese Gesellschaften förderten das Studium esoterischer Lehren und Praktiken, darunter Astrologie, Alchemie, Magie und Wahrsagerei, und trugen
zur Verbreitung von esoterischem Wissen und spirituellen
Ideen bei.

Die Renaissance des Wahrsagens im 19. Jahrhundert spiegelte
das wachsende Interesse der Menschen an spirituellen Fragen
und esoterischen Praktiken wider und prägte die Entwicklung
des Wahrsagens und der Vorhersagekunst bis in die Gegenwart
hinein.

Medien und Wahrsagen:
Eine moderne Verbindung

Die Rolle von Medien in der Verbreitung von Vorhersagen ist ein Phänomen, das die Schnittstelle zwischen traditioneller Wahrsagerei und moderner Technologie erkundet. In der heutigen Zeit spielen Medien eine entscheidende Rolle bei der Verbreitung von Vorhersagen und Prophezeiungen, aber sie sind auch Gegenstand von Kritik und ethischen Überlegungen.

Die Verbindung von Wahrsagen und Medien

In der modernen Welt haben Medien wie Fernsehen, Radio, Internet und soziale Medien eine wichtige Rolle bei der Verbreitung von Vorhersagen und Prophezeiungen übernommen. Wahrsager nutzen diese Plattformen, um ihre Dienste einem breiten Publikum zugänglich zu machen und Ratsuchenden spirituelle Führung und Orientierung anzubieten. Durch Fernsehsendungen, Radiosendungen, Online-Plattformen und Social-Media-Profile können Wahrsager ihre Vorhersagen präsentieren und mit einem globalen Publikum interagieren.

Medienkritik und ethische Überlegungen

Trotz ihrer weitreichenden Verbreitung sind Vorhersagen in den Medien oft Gegenstand von Kritik und ethischen Überlegungen. Kritiker werfen den Medien vor, durch die Verbreitung von Vorhersagen und Prophezeiungen irrationalen Glauben und Aberglauben zu fördern und den Menschen falsche Hoffnungen zu machen. Sie argumentieren, dass Medien eine Verantwortung haben, objektive und ausgewogene Berichterstattung zu gewährleisten und kritische Perspektiven einzubeziehen, wenn es um Themen wie Wahrsagerei und Vorhersagen geht.

Die Rolle der Medien bei der Demokratisierung des Wahrsagens

Trotz der Kritik haben Medien eine demokratisierende Wirkung auf das Wahrsagen, indem sie es einem breiteren Publikum zugänglich machen und alternative Perspektiven und Meinungen präsentieren. Durch die Vielfalt der Medienlandschaft haben Menschen die Möglichkeit, verschiedene Ansichten und Interpretationen von Vorhersagen zu hören und ihre eigenen Schlussfolgerungen zu ziehen. Dies trägt zur Pluralität der Meinungen und zur Meinungsfreiheit bei und ermöglicht es den Menschen, informierte Entscheidungen über ihre spirituelle Praxis zu treffen.

Die Zukunft von Medien und Wahrsagen

Die Rolle von Medien in der Verbreitung von Vorhersagen und Prophezeiungen wird voraussichtlich weiter zunehmen, da Technologie und Kommunikation sich weiterentwickeln. Mit der Verbreitung von neuen Medienplattformen wie Virtual Reality und künstlicher Intelligenz werden Wahrsager neue

Wege finden, um ihre Dienste anzubieten und mit Ratsuchenden in Kontakt zu treten. Es ist wichtig, dass Medien eine verantwortungsvolle und ethische Berichterstattung über Wahrsagen und Vorhersagen gewährleisten und die Bedeutung kritischen Denkens und objektiver Berichterstattung betonen.

Wissenschaftliche Perspektiven auf das Wahrsagen

Psychologische Erklärungsansätze für Wahrsagephänomene haben in der wissenschaftlichen Gemeinschaft immer wieder für Diskussionen gesorgt. Eine kritische Betrachtung aus wissenschaftlicher Sicht beleuchtet die verschiedenen Theorien und Ansätze, die versuchen, das Phänomen des Wahrsagens zu erklären, und hinterfragt ihre Gültigkeit und Plausibilität.

Psychologische Erklärungsansätze für Wahrsagephänomene

In der Psychologie gibt es verschiedene Erklärungsansätze für das Wahrsagen, die versuchen, die Mechanismen und Prozesse zu verstehen, die diesem Phänomen zugrunde liegen.

Kognitive Verzerrungen und Mustererkennung

• Einige Psychologen argumentieren, dass das Wahrsagen auf kognitiven Verzerrungen und Mustererkennung basiert. Menschen neigen dazu, Muster und Zusammenhänge dort zu sehen, wo keine existieren, und interpretieren zufällige Ereignisse als Bedeutungsvoll. Dies kann dazu führen, dass Wahrsager scheinbar treffende Vorhersagen machen, indem sie unbewusst Informationen sammeln und interpretieren, die ihnen zur Verfügung stehen.

Kognitive Dissonanz und Bestätigungsfehler

• Ein weiterer Erklärungsansatz betrachtet das Wahrsagen im Kontext von kognitiver Dissonanz und Bestätigungsfehlern. Menschen haben oft eine Tendenz, Informationen zu interpretieren und zu verarbeiten, die ihre bestehenden Überzeugungen und Erwartungen bestätigen, und ignorieren oder verwerfen Informationen, die dem widersprechen. Wahrsager könnten daher dazu neigen, Informationen auszuwählen und zu interpretieren, die ihren eigenen Überzeugungen und Vorstellungen entsprechen, und so scheinbar treffende Vorhersagen machen.

Kritische Betrachtung aus wissenschaftlicher Sicht

Trotz der Vielzahl von psychologischen Erklärungsansätzen für das Wahrsagen bleibt das Phänomen umstritten und seine Gültigkeit und Genauigkeit sind Gegenstand von Debatten und Kontroversen in der wissenschaftlichen Gemeinschaft.

Fehlende empirische Evidenz

• Einer der Hauptkritikpunkte an psychologischen Erklärungsansätzen für das Wahrsagen ist die fehlende empirische Evidenz, die ihre Gültigkeit und Plausibilität stützt. Obwohl es viele Studien gibt, die die kognitiven Mechanismen und Prozesse hinter dem Wahrsagen untersuchen, gibt es nur begrenzte Beweise dafür, dass diese Mechanismen tatsächlich erklären können, wie Wahrsager scheinbar treffende Vorhersagen machen.

Unzureichende Modellierung komplexer sozialer und kultureller Kontexte

• Ein weiterer Kritikpunkt ist, dass psychologische Erklärungsansätze oft die komplexen sozialen und kulturellen Kontexte vernachlässigen, in denen das Wahrsagen stattfindet. Wahrsagerei ist oft in bestimmte kulturelle Traditionen und Praktiken eingebettet und kann stark von sozialen und kulturellen Faktoren beeinflusst sein, die nicht allein durch kognitive Mechanismen erklärt werden können.

Zusammenfassung

Die wissenschaftliche Betrachtung des Wahrsagens bleibt ein kontroverses und komplexes Thema, das weiterhin Untersuchungen und Diskussionen in der wissenschaftlichen Gemeinschaft anregt. Obwohl psychologische Erklärungsansätze wichtige Einblicke in die Mechanismen und Prozesse des Wahrsagens bieten können, sind sie oft unzureichend, um die Vielfalt und Komplexität dieses Phänomens vollständig zu erfassen. Eine interdisziplinäre und holistische Herangehensweise, die kognitive, soziale, kulturelle und historische Faktoren berücksichtigt, ist notwendig, um ein umfassendes Verständnis des Wahrsagens zu entwickeln.

Das Internetzeitalter: Wahrsagen im digitalen Raum

Die Online-Wahrsagerei hat in der heutigen Zeit eine enorme Popularität erlangt und stellt eine einzigartige Schnittstelle zwischen traditionellen Wahrsagepraktiken und moderner Technologie dar. Während sie neue Möglichkeiten für den Zugang zu spiritueller Beratung bietet, wirft sie auch wichtige Fragen im Hinblick auf Datenschutz und Ethik auf.

Online-Wahrsagerei und ihre Popularität

Mit der Verbreitung des Internets hat die Online-Wahrsagerei einen exponentiellen Anstieg an Beliebtheit und Zugänglichkeit erfahren. Menschen können nun von überall aus auf der Welt auf Wahrsage-Dienste zugreifen, sei es durch Websites, Apps oder soziale Medienplattformen. Online-Wahrsager bieten eine Vielzahl von Diensten an, darunter Tarotkartenlesen, Handlesen, Astrologie, Pendeln und vieles mehr, und ermöglichen es den Ratsuchenden, Antworten auf ihre Fragen zu erhalten und spirituelle Führung zu erhalten, ohne das Haus zu verlassen.

Die Popularität der Online-Wahrsagerei kann auf verschiedene Faktoren zurückgeführt werden, darunter die Bequemlichkeit, Anonymität und Vielfalt der angebotenen Dienste. Menschen schätzen die Möglichkeit, ihre Fragen diskret und bequem von zu Hause oder unterwegs aus zu stellen, ohne sich persönlich mit einem Wahrsager treffen zu müssen. Darüber hinaus bietet das Internet eine Fülle von Wahrsage-Optionen, von traditionellen Praktiken bis hin zu modernen Ansätzen, die es den Ratsuchenden ermöglichen, eine Methode zu wählen, die am besten zu ihren Bedürfnissen und Überzeugungen passt.

Datenschutz und ethische Fragen

Trotz ihrer Beliebtheit wirft die Online-Wahrsagerei wichtige Fragen im Hinblick auf Datenschutz und Ethik auf. Da die meisten Online-Wahrsage-Dienste persönliche Informationen von den Ratsuchenden sammeln, um ihnen maßgeschneiderte Beratungen zu bieten, besteht die Gefahr, dass diese Informationen missbraucht oder unethisch verwendet werden können. Datenschutzrichtlinien und -praktiken variieren von Anbieter zu Anbieter, und es ist wichtig, dass Ratsuchende sich bewusst sind, welche Informationen sie preisgeben und wie diese verwendet werden.

Darüber hinaus gibt es ethische Bedenken hinsichtlich der Verantwortung der Online-Wahrsager, ihren Ratsuchenden genaue und ethisch vertretbare Beratungen zu bieten. Da die meisten Online-Wahrsager keine physische Interaktion mit ihren Kunden haben und oft anonym bleiben, besteht die Gefahr, dass sie unethische Praktiken anwenden oder falsche Versprechungen machen können, um Ratsuchende anzuziehen. Es ist wichtig, dass Online-Wahrsager ethische Standards einhalten und transparent über ihre Methoden und Praktiken kommunizieren, um das Vertrauen der Ratsuchenden zu gewinnen und zu erhalten.

Insgesamt stellt die Online-Wahrsagerei eine faszinierende und kontroverse Entwicklung im Bereich des Wahrsagens dar, die neue Möglichkeiten für den Zugang zu spiritueller Beratung bietet, aber auch wichtige Fragen im Hinblick auf Datenschutz, Ethik und Verantwortung aufwirft. Es ist wichtig, dass Ratsuchende sich bewusst sind, welche Risiken und Chancen die Online-Wahrsagerei bietet, und dass sie informierte Entscheidungen darüber treffen, wie sie diese Dienste nutzen.

Kulturelle Vielfalt: Wahrsagen weltweit

Das Wahrsagen ist ein faszinierendes Phänomen, das in verschiedenen Kulturen auf der ganzen Welt praktiziert wird. Die Vielfalt der Wahrsagepraktiken spiegelt die kulturellen Unterschiede und Traditionen wider und zeigt, wie Menschen auf der ganzen Welt versuchen, Antworten auf ihre Fragen zu finden und einen Blick in die Zukunft zu werfen.

Vergleich unterschiedlicher Formen des Wahrsagens in verschiedenen Kulturen

Das Wahrsagen ist in fast allen Kulturen der Welt zu finden, und jede Kultur hat ihre eigenen einzigartigen Methoden und Praktiken, um Vorhersagen zu treffen und spirituelle Führung zu suchen.

- In der westlichen Welt sind Tarotkartenlesen, Astrologie und Handlesen einige der bekanntesten Wahrsagepraktiken. Tarotkartenlesen verwendet symbolische Bilder auf Karten, um Ratsuchenden Einblicke in ihre Vergangenheit, Gegenwart und Zukunft zu geben. Astrologie basiert auf der Interpretation von Sternenkonstellationen und Geburtsdaten, um Persönlichkeitsmerkmale und zukünftige Ereignisse vorherzusagen. Handlesen beinhaltet die Interpretation der Linien und Formen auf den Händen, um Persönlichkeitsmerkmale und zukünftige Ereignisse zu enthüllen.

• In asiatischen Kulturen wie China und Indien sind Praktiken wie Feng Shui, I Ging und Vedic Astrology weit verbreitet. Feng Shui beinhaltet die Analyse der räumlichen Anordnung und Gestaltung, um Harmonie und Glück zu fördern. I Ging ist ein altes chinesisches Orakelbuch, das auf dem Prinzip der Veränderung basiert und Ratsuchenden Einblicke in zukünftige Entwicklungen gibt. Vedic Astrology, basierend auf vedischen Schriften, verwendet Geburtsdaten, um Persönlichkeitsmerkmale und Lebensereignisse vorherzusagen.

• In afrikanischen und indigenen Kulturen gibt es eine Vielzahl von Wahrsagepraktiken, die oft mit spirituellen Traditionen und Ahnenverehrung verbunden sind. Praktiken wie das Werfen von Knochen, das Lesen von Tierbewegungen und das Konsultieren von Orakeln sind häufige Methoden, um Antworten auf wichtige Fragen zu erhalten und spirituelle Führung zu suchen.

Kulturelle Sensibilität im Umgang mit Wahrsagepraktiken

Angesichts der Vielfalt der Wahrsagepraktiken ist es wichtig, kulturelle Sensibilität im Umgang mit diesen Praktiken zu zeigen. Wahrsagen ist oft eng mit kulturellen Traditionen, religiösen Überzeugungen und spirituellen Weltbildern verbunden, und es ist wichtig, diese Hintergründe zu respektieren und zu verstehen.

• Kulturelle Sensibilität erfordert die Anerkennung und Wertschätzung der Vielfalt der Wahrsagepraktiken und die Vermeidung von Stereotypen und Vorurteilen. Jede Kultur hat ihre eigenen einzigartigen Perspektiven und Ansätze zum Wahrsagen, und es ist wichtig, diese Vielfalt zu erkennen und zu würdigen.

• Darüber hinaus erfordert kulturelle Sensibilität einen respektvollen Umgang mit Wahrsagepraktiken und Ratsuchenden. Wahrsagen kann für Menschen eine wichtige Quelle der spirituellen Führung und Orientierung sein, und es ist wichtig, ihre Überzeugungen und Praktiken zu respektieren und zu unterstützen.

Insgesamt bietet die kulturelle Vielfalt des Wahrsagens einen faszinierenden Einblick in die verschiedenen Wege, wie Menschen auf der ganzen Welt nach Antworten auf ihre Fragen suchen und einen Blick in die Zukunft werfen. Durch kulturelle Sensibilität und Respekt können wir die Vielfalt der Wahrsagepraktiken würdigen und eine tiefere Wertschätzung für die kulturelle Reichtum und spirituelle Vielfalt der Menschheit entwickeln.

Die dunkle Seite des Wahrsagens: Betrug und Manipulation

Das Wahrsagen, obwohl es oft als spirituelle Praxis angesehen wird, hat auch eine dunkle Seite, die durch Betrug und Manipulation gekennzeichnet ist. In der Geschichte des Wahrsagens gibt es zahlreiche Fälle von Betrug, bei denen Menschen die Gutgläubigkeit anderer ausnutzten, um persönlichen Gewinn zu erzielen. Doch gleichzeitig existieren Strategien, um Betrügereien zu erkennen und sich vor ihnen zu schützen.

Bekannte Betrugsfälle in der Geschichte des Wahrsagens

• Der Fall von Mlle Lenormand

Mlle. Lenormand (Marie-Anne Adélaïde Lenormand, 1722 - 1843) war eine bekannte Wahrsagerin im 18. Jahrhundert, die behauptete, über außergewöhnliche Fähigkeiten zu verfügen und die Zukunft vorhersehen zu können. Sie wurde jedoch entlarvt, als herauskam, dass sie tatsächlich Informationen über ihre Kunden sammelte und diese Informationen nutzte, um scheinbar treffende Vorhersagen zu machen.

• Der Fox-Sisters-Betrug

Die Fox-Sisters waren zwei Schwestern im 19. Jahrhundert, die behaupteten, mit Geistern kommunizieren zu können. Ihr angeblicher Kontakt mit Geistern führte zu einer Welle von

Spiritismus und Medien in den USA. Jahre später gestanden die Schwestern jedoch, dass ihre ›Geisterkontakte‹ lediglich Betrug und Trickserei waren, um Aufmerksamkeit und Geld zu erhalten.

• **Der Uri Geller-Skandal**

Uri Geller war ein berühmter ›Mentalist‹ und Löffelbieger, der behauptete, über paranormale Fähigkeiten zu verfügen. Er wurde jedoch entlarvt, als mehrere seiner Tricks und Illusionen von Magiern und Skeptikern aufgedeckt wurden. Es stellte sich heraus, dass Gellers angebliche ›paranormale Fähigkeiten‹ lediglich Tricks und Illusionen waren, die er benutzte, um sein Publikum zu täuschen.

Strategien zur Erkennung von Betrügereien

• **Hinterfrage Ungewöhnliches**

Wenn eine Wahrsagerin behauptet, über außergewöhnliche Fähigkeiten zu verfügen oder übernatürliche Kräfte zu haben, ist es wichtig, skeptisch zu sein und nach Beweisen zu fragen. Sei es das Lesen von Gedanken oder das Kommunizieren mit Geistern, die meisten dieser Behauptungen können rational erklärt werden.

• **Forsche nach**

Recherchiere den Hintergrund und die Reputation eines Wahrsagers, bevor du seine Dienste in Anspruch nimmst. Überprüfe Bewertungen, Erfahrungsberichte und Testimonials von anderen Kunden, um sicherzustellen, dass der Wahrsager glaubwürdig und vertrauenswürdig ist.

- **Vertraue deinem Bauchgefühl**

Wenn etwas zu schön klingt, um wahr zu sein, ist es wahrscheinlich genau das. Vertraue deinem Bauchgefühl und sei vorsichtig bei Wahrsagern, die unrealistische Versprechungen machen oder versuchen, dich zu manipulieren.

Insgesamt zeigt die dunkle Seite des Wahrsagens, dass Betrug und Manipulation auch in diesem Bereich existieren können. Durch kritisches Denken, Forschung und Vertrauen in das eigene Bauchgefühl können Menschen jedoch Betrügereien erkennen und sich vor ihnen schützen.

Wahrsagen und Spiritualität

Die Verbindung von Wahrsagen und spirituellen Praktiken hat eine lange und komplexe Geschichte, die tief in den Glaubenssystemen und Überzeugungen der Menschen verwurzelt ist. Diese Verbindung hat einen tiefgreifenden Einfluss auf persönliche Glaubenssysteme und bietet eine Quelle der Inspiration, Orientierung und spirituellen Führung.

Die tiefe Verbindung zwischen Wahrsagen und Spiritualität

Wahrsagen und Spiritualität sind eng miteinander verbunden, da beide darauf abzielen, Antworten auf grundlegende Fragen des Lebens zu finden und eine tiefere Verbindung zu etwas Größerem herzustellen. Menschen suchen oft nach spiritueller Führung und Erleuchtung, um sie auf ihrem Lebensweg zu unterstützen, und das Wahrsagen bietet eine Möglichkeit, diese Führung zu erhalten.

• **Die Suche nach Antworten**

In Zeiten der Unsicherheit und des Zweifels suchen Menschen nach Antworten auf wichtige Fragen des Lebens, wie Liebe, Karriere, Gesundheit und Schicksal. Das Wahrsagen bietet einen Weg, um diese Antworten zu finden und Klarheit in Zeiten der Verwirrung zu gewinnen.

• **Die Verbindung zu höheren Kräften**

Viele Menschen glauben, dass das Wahrsagen eine Verbindung zu höheren Kräften herstellt, sei es das Universum, die Geisterwelt oder göttliche Wesen. Durch Wahrsagepraktiken wie Tarotkartenlesen, Handlesen oder Astrologie glauben die Ratsuchenden, dass sie Einblicke in die göttliche Ordnung erhalten und spirituelle Führung erhalten können.

Der Einfluss auf persönliche Glaubenssysteme

Die Verbindung von Wahrsagen und Spiritualität kann einen tiefgreifenden Einfluss auf persönliche Glaubenssysteme haben und die Art und Weise beeinflussen, wie Menschen die Welt um sie herum wahrnehmen und interpretieren.

• Stärkung des Glaubens

Für viele Menschen kann das Wahrsagen dazu beitragen, ihren Glauben an eine höhere Macht oder spirituelle Prinzipien zu stärken. Indem sie Einblicke in ihre persönliche Zukunft erhalten und spirituelle Führung suchen, können sie ein Gefühl der Sicherheit und des Vertrauens in ihre spirituellen Überzeugungen entwickeln.

• Persönliche Entwicklung

Das Wahrsagen kann auch als Werkzeug zur persönlichen Entwicklung und Selbstreflexion dienen. Indem sie sich mit ihren eigenen Stärken, Schwächen und Lebensherausforderungen auseinandersetzen, können Menschen durch Wahrsagepraktiken wie Tarotkartenlesen oder Traumdeutung ein tieferes Verständnis für sich selbst und ihre Lebensziele entwickeln.

Insgesamt zeigt die Verbindung von Wahrsagen und Spiritualität die tiefgreifende Suche der Menschen nach spiritueller Führung und Erleuchtung. Durch das Wahrsagen können sie Antworten auf ihre Fragen finden, eine Verbindung zu höheren Kräften herstellen und ihren persönlichen Glauben stärken und entwickeln.

Die Grenzen des Wahrsagens: Was die Zukunft wirklich bereithält

Das Wahrsagen ist eine jahrhundertealte Praxis, die darauf abzielt, Einblicke in die Zukunft zu gewinnen und Antworten auf grundlegende Fragen des Lebens zu finden. Doch trotz aller Bemühungen und Techniken bleibt die Zukunft ungewiss, und das Wahrsagen stößt an seine Grenzen, wenn es darum geht, die tatsächlichen Ereignisse vorherzusagen. Diese Unsicherheit der Zukunft wirft Fragen auf und wirft ein Licht auf die psychologische Notwendigkeit von Vorhersagen.

Die Unsicherheit der Zukunft

• Komplexität und Vielfalt

Die Zukunft ist von Natur aus komplex und vielfältig. Sie wird von unzähligen Faktoren beeinflusst, darunter individuelle Entscheidungen, gesellschaftliche Entwicklungen, politische Ereignisse und Naturphänomene. Diese Vielfalt macht es nahezu unmöglich, präzise Vorhersagen über zukünftige Ereignisse zu treffen.

• Unvorhersehbare Veränderungen

Selbst wenn wir die aktuellen Trends und Entwicklungen analysieren, können unvorhersehbare Veränderungen eintreten, die unsere Vorhersagen über die Zukunft über den Haufen werfen.

Katastrophen, Krisen und unerwartete Wendungen des Schicksals können das Geschehen in unerwartete Bahnen lenken und unsere Erwartungen über den Haufen werfen.

Die psychologische Notwendigkeit von Vorhersagen

• **Sicherheit und Kontrolle**

Menschen haben ein tiefes Bedürfnis nach Sicherheit und Kontrolle über ihr Leben. Das Wahrsagen bietet eine Illusion von Sicherheit, indem es den Menschen das Gefühl gibt, dass sie die Zukunft vorhersehen und sich auf kommende Ereignisse vorbereiten können. Auch wenn diese Vorhersagen nicht immer genau sind, vermitteln sie den Menschen ein Gefühl von Kontrolle über ihr Schicksal.

• **Orientierung und Richtung**

Vorhersagen über die Zukunft bieten den Menschen auch Orientierung und Richtung in ihrem Leben. Sie helfen ihnen, Entscheidungen zu treffen und ihren Lebensweg zu planen, indem sie potenzielle Herausforderungen und Chancen antizipieren. Auch wenn diese Vorhersagen nicht in Stein gemeißelt sind, geben sie den Menschen eine Richtschnur, an der sie sich orientieren können.

Insgesamt zeigen die Grenzen des Wahrsagens die Unsicherheit der Zukunft und die Herausforderungen, denen wir gegenüberstehen, wenn wir versuchen, Ereignisse vorherzusagen. Trotz dieser Unsicherheit erfüllt das Wahrsagen eine wichtige psychologische Funktion, indem es den Menschen Sicherheit, Kontrolle, Orientierung und Richtung bietet.

Ethik im Wahrsagen: Verantwortung und Achtsamkeit

Die Praxis des Wahrsagens birgt eine Reihe ethischer Überlegungen und Verantwortlichkeiten für die Wahrsager gegenüber ihren Ratsuchenden. In diesem Kapitel werden wir die Bedeutung von Ethikrichtlinien im Wahrsagen untersuchen und wie sie dazu beitragen können, eine verantwortungsvolle und achtsame Praxis zu fördern.

Die Verantwortung von Wahrsagern gegenüber ihren Ratsuchenden

• Ehrlichkeit und Integrität

Wahrsager haben die Verantwortung, ehrlich und integer zu sein und keine falschen Versprechungen zu machen. Sie sollten ihren Ratsuchenden gegenüber transparent sein und klar kommunizieren, dass ihre Vorhersagen auf Interpretationen und Wahrscheinlichkeiten beruhen und keine absolute Gewissheit bieten können.

• Empathie und Mitgefühl

Wahrsager sollten sich einfühlsam und mitfühlend gegenüber ihren Ratsuchenden verhalten. Sie sollten deren Anliegen ernst nehmen und ihnen mit Respekt und Wertschätzung begegnen.

Empathie ermöglicht es Wahrsagern, eine unterstützende und vertrauensvolle Beziehung zu ihren Ratsuchenden aufzubauen.

Ethikrichtlinien und ihre Bedeutung

• **Vertraulichkeit und Datenschutz**

Wahrsager sollten die Vertraulichkeit und den Datenschutz ihrer Ratsuchenden respektieren und sensible Informationen vertraulich behandeln. Sie sollten sicherstellen, dass persönliche Daten geschützt werden und nur für den vorgesehenen Zweck verwendet werden.

• **Grenzen erkennen und respektieren**

Wahrsager sollten ihre Grenzen kennen und respektieren und keine Vorhersagen über Themen machen, bei denen sie sich unsicher fühlen oder die außerhalb ihres Fachgebiets liegen. Sie sollten ihre Ratsuchenden ermutigen, professionelle Hilfe bei Bedarf in Anspruch zu nehmen und keine falschen Hoffnungen wecken.

• **Ethische Werbung und Marketing**

Wahrsager sollten ethische Standards in ihrer Werbung und ihrem Marketing einhalten und keine irreführenden oder manipulativen Praktiken verwenden. Sie sollten transparent über ihre Dienstleistungen und Tarife informieren und keine unrealistischen Versprechungen machen.

Insgesamt ist die Einhaltung ethischer Richtlinien im Wahrsagen von entscheidender Bedeutung, um eine verantwortungsvolle und achtsame Praxis zu fördern. Durch Ehrlichkeit, Integrität, Empathie und die Achtung der Privatsphäre ihrer Rat-suchenden können Wahrsager eine unterstützende und vertrau-ensvolle Umgebung schaffen, in der persönliches Wachstum und spirituelle Entwicklung gefördert werden können.

Die anhaltende Faszination des Wahrsagens

Die Reise durch die Welt des Wahrsagens hat uns mit einer Vielzahl faszinierender Erkenntnisse bereichert und uns Einblicke in die tief verwurzelte menschliche Neugierde und Suche nach Sinn und Orientierung gegeben. In diesem abschließenden Kapitel wollen wir die wichtigsten Erkenntnisse zusammenfassen und einen Ausblick auf die Zukunft des Wahrsagens werfen.

Zusammenfassung der wichtigsten Erkenntnisse

• Historische Wurzeln

Das Wahrsagen hat eine lange und reiche Geschichte, die bis in die frühesten Zivilisationen zurückreicht. Von antiken Orakeln über mittelalterliche Seher bis hin zu modernen Wahrsagepraktiken hat das Wahrsagen eine Vielzahl von Formen und Techniken angenommen, die sich im Laufe der Zeit entwickelt haben.

• Psychologische Bedeutung

Das Wahrsagen erfüllt eine wichtige psychologische Funktion, indem es den Menschen Sicherheit, Kontrolle, Orientierung und Richtung in ihrem Leben bietet. Es ermöglicht es ihnen, Antworten auf grundlegende Fragen des Lebens zu finden und sich mit ihren eigenen Stärken, Schwächen und Lebensherausforderungen auseinanderzusetzen.

- **Ethik und Verantwortung**

Die Praxis des Wahrsagens birgt ethische Überlegungen und Verantwortlichkeiten für die Wahrsager gegenüber ihren Ratsuchenden. Durch die Einhaltung ethischer Richtlinien können Wahrsager eine verantwortungsvolle und achtsame Praxis fördern, die den Bedürfnissen und Anliegen ihrer Ratsuchenden gerecht wird.

Ausblick auf die Zukunft des Wahrsagens

- **Technologische Innovationen**

Mit dem Aufkommen neuer Technologien wie künstlicher Intelligenz und virtueller Realität könnte das Wahrsagen neue Formen und Techniken annehmen, die es den Menschen ermöglichen, noch tiefere Einblicke in ihre Zukunft zu gewinnen.

- **Weiterentwicklung der Ethik**

Die Weiterentwicklung ethischer Richtlinien und Standards im Wahrsagen wird dazu beitragen, die Qualität und Integrität der Praxis zu verbessern und das Vertrauen der Öffentlichkeit in die Wahrsageindustrie zu stärken.

- **Integration mit anderen Disziplinen**

Das Wahrsagen könnte zunehmend mit anderen Disziplinen wie Psychologie, Soziologie und Neurowissenschaften interagieren, um ein umfassenderes Verständnis der menschlichen Erfahrung und des Bewusstseins zu fördern.

Insgesamt bleibt das Wahrsagen eine faszinierende und facettenreiche Praxis, die tief in den menschlichen Geist und die menschliche Kultur eingebettet ist. Während wir uns in die Zukunft bewegen, werden wir weiterhin nach Antworten auf unsere Fragen suchen und die Geheimnisse der Welt um uns herum erforschen - und das Wahrsagen wird zweifellos weiterhin eine wichtige Rolle in diesem Streben spielen.

Über den Autor

Lutz Spilker wurde im Jahre 1955 in Duisburg geboren.

Bevor er zum Schreiben von Romanen und Dokumentationen fand, verließen bisher unzählige Kurzgeschichten, Kolumnen und Versdichtungen seine Feder.

In seinen Büchern befasst er sich vorrangig mit dem menschlichen Bewusstsein und der damit verbundenen Wahrnehmung. Seine Grenzen sind nicht die, welche mit der Endlichkeit des Denkens, des Handelns und des Lebens begrenzt werden, sondern jene, die der empirischen Denkform noch nicht unterliegen.

Es sind die Möglichkeiten des Machbaren, die Dinge, welche sich allein in der Vorstellung eines jeden Menschen darstellen und aufgrund der Flüchtigkeit des Geistes unbewiesen bleiben. Die Erkenntnis besitzt ihre Gültigkeit lediglich bis zur Erlangung einer neuen und die passiert zu jeder weiteren Sekunde.

Die Welt von Lutz Spilker beginnt dort, wo zu Beginn allen Seins nichts Fassbares war, als leerer Raum. Kein Vorne, kein Hinten, kein Oben und kein Unten. Kein Glaube, kein Wissen, keine Moral, keine Gesetze und keine Grenzen. Nichts.

In Lutz Spilkers Romanen passieren heimtückische Morde ebenso wie die Zauber eines Märchens. Seine Bücher sind oftmals Thriller, Krimi, Abenteuer, Science Fiction, Fantasy und selbst Love-Story in einem.

»Ich liebe die Sprache: Sie vermag zu streicheln, zu liebkosen und zu Tränen zu rühren. Doch sie kann ebenso stachelig sein, wie der Dorn einer Rose und mit nur einem Hieb zerschmettern.«

In dieser Reihe sind bisher erschienen

Die Erfindung der Langeweile
Die Erfindung des Menschen
Die Erfindung des Geldes
Die Erfindung des Teufels
Die Erfindung des Erfolgs
Die Erfindung der Sterblichkeit
Die Erfindung der Lüge
Die Erfindung der Freiheit
Die Erfindung des Todes
Die Erfindung der Welt
Die Erfindung des Inselmenschen
Die Erfindung der Zeit
Die Erfindung der Seele
Die Erfindung der Politik
Die Erfindung des Gewissens
Die Erfindung der Religion
Die Erfindung der Schuld
Die Erfindung der Gerechtigkeit
Die Erfindung des Friedens
Die Erfindung des Selbstgesprächs
Die Erfindung der Zukunft
Die Erfindung der Pornographie
Die Erfindung der Verschwendung
Die Erfindung des Erwachsenseins
Die Erfindung der Hölle
Die Erfindung der Überbevölkerung
Die Erfindung des Himmels
Die Erfindung der Monarchie
Die Erfindung der Unterhaltung
Die Erfindung der Sprache

Die Erfindung der Musik
Die Erfindung der Wiedergeburt
Die Erfindung des Zufalls
Die Erfindung der Namen
Die Erfindung des Bewusstseins
Die Erfindung des freien Willens
Die Erfindung des Wahrsagens
Die Erfindung der Körpersprache
Die Erfindung des Schlafs
Die Erfindung der Sklaverei
Die Erfindung der Angst
Die Erfindung der Vernunft
Die Erfindung des Vollmonds
Die Erfindung des Vitamin B
Die Erfindung des Make-Up
Die Erfindung des Weihnachtsfestes
Die Erfindung des Ku-Klux-Klan
Die Erfindung des Träumens
Die Erfindung der Flaschenpost
Die Erfindung der Mafia
Die Erfindung der Freimaurer
Die Erfindung der Freibeuter
Die Erfindung der Raumfahrt
Die Erfindung der Tempelritter
Die Erfindung des ADHS-Syndroms
Die Erfindung der Homöopathie
Die Erfindung der Freizeitparks

FSC
www.fsc.org
MIX
Papier | Fördert
gute Waldnutzung
FSC® C083411

Zeitfracht Medien GmbH
Ferdinand-Jühlke-Straße 7
99095 Erfurt, Deutschland
produktsicherheit@kolibri360.de